Impressum
Verlag: BABADADA GmbH, Nedderfeld 112 , 22529 Hamburg
Geschäftsführer / Verlagsleitung: Harald Hof
Druck: Books on Demand GmbH, In de Tarpen 42, 22848 Norderstedt

Imprint
Publisher: BABADADA GmbH, Nedderfeld 112 , 22529 Hamburg, Germany
Managing Director / Publishing direction: Harald Hof
Print: Books on Demand GmbH, In de Tarpen 42, 22848 Norderstedt

el colegio
mekdep

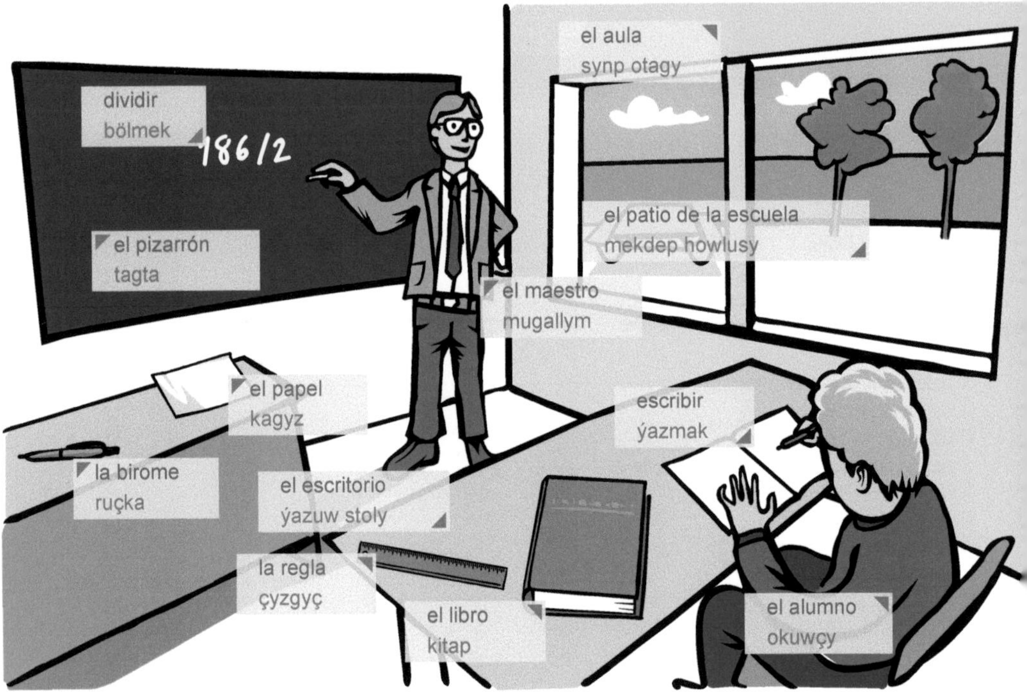
el aula
synp otagy
dividir
bölmek
186/2
el pizarrón
tagta
el patio de la escuela
mekdep howlusy
el maestro
mugallym
el papel
kagyz
escribir
ýazmak
la birome
ruçka
el escritorio
ýazuw stoly
la regla
çyzgyç
el libro
kitap
el alumno
okuwçy

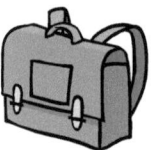

la mochila

ranes

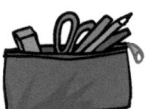

la caja de lápices

penal

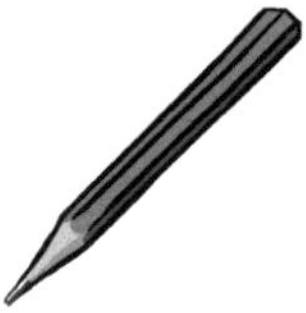

el lápiz

galam

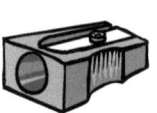

el sacapuntas

galam artylýan

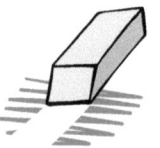

la goma (de borrar)

bozguç

el bloc de dibujo

surat çekmek üçin albom

el dibujo
surat

el pincel
çotgajyk

la caja de pinturas
reňkli guty

la tijera
gaýçy

el pegamento
ýelim

el cuaderno de ejercicios
depder

la tarea
öý işi

el número
san

sumar
goşmak

restar
aýyrmak

multiplicar
köpeltmek

calcular
hasaplamak

la letra
harp

el abecedario
elipbiý

la palabra
söz

el texto

tekst

leer

okamak

la tiza

hek

la lección

sapak

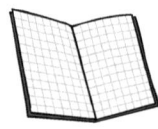

el cuaderno de clase

synp dergisi

el examen

synag

el certificado

diplom

el uniforme escolar

mekdep lybasy

la educación

bilim

la enciclopedia

ensiklop ediýa

la universidad

uniwersitet

el microscopio

mikroskop

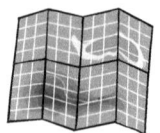

el mapa

karta

el tacho (de basura)

kagyz üçin sebet

el viaje
syýahat

el hotel
myhmanhana
Grand
el hostel
syýahatçylyk bazasy
la casa de cambio
walýuta çalyşmak üçin bent
la valija
çemedan
el auto
awtomobil

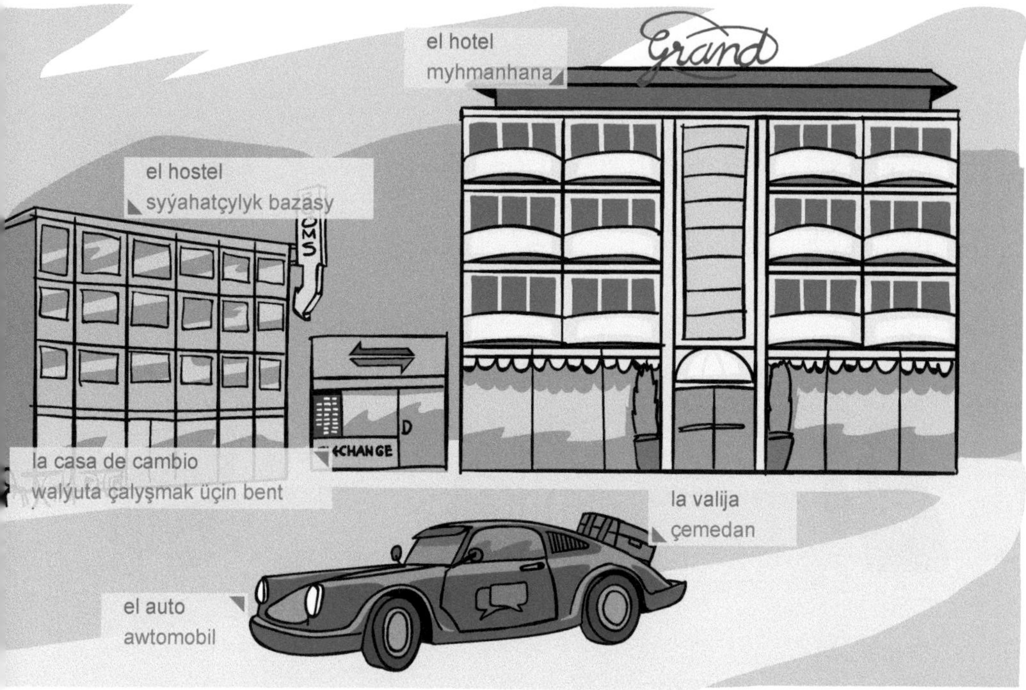

el idioma

dil

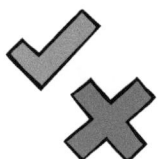

sí / no

hawwa / ýok

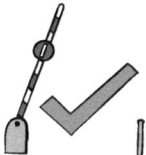

Está bien

bolýa

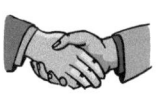

hola

salam

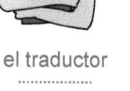

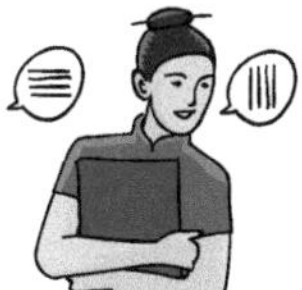

el traductor

terjimeçi

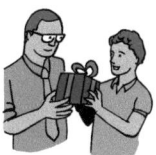

Gracias

Minnetdar

¿cuánto cuesta…?

bahasy näçe?

No entiendo

men düşünmeýärin

el problema

mesele

¡Buenas tardes!

Agşamyňyz haýyr!

¡Buenos días!

Ertiriňiz haýyrly!

¡Buenas noches!

Gijäňiz rahat bolsun!

el adiós

görüşýänçäk

la dirección

ugur

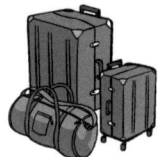

el equipaje

ýük

el bolso

torba

la mochila

eginden asylýan torba

el invitado

myhman

la habitación

otag

la bolsa de dormir

halta ýorgan

la carpa

çadyr

la información turística

syýahatçylyk maglumaty

la playa

kenarýaka

la tarjeta de crédito

karz karty

el desayuno

ertirlik

el almuerzo

günortanlyk

la cena

agşamlyk

el pasaje

petek

el ascensor

lift

el sello

poçta markasy

la frontera

çäk

la aduana

gümrük

la embajada

ilçihana

la visa

wiza

el pasaporte

pasport

el transporte
ulag

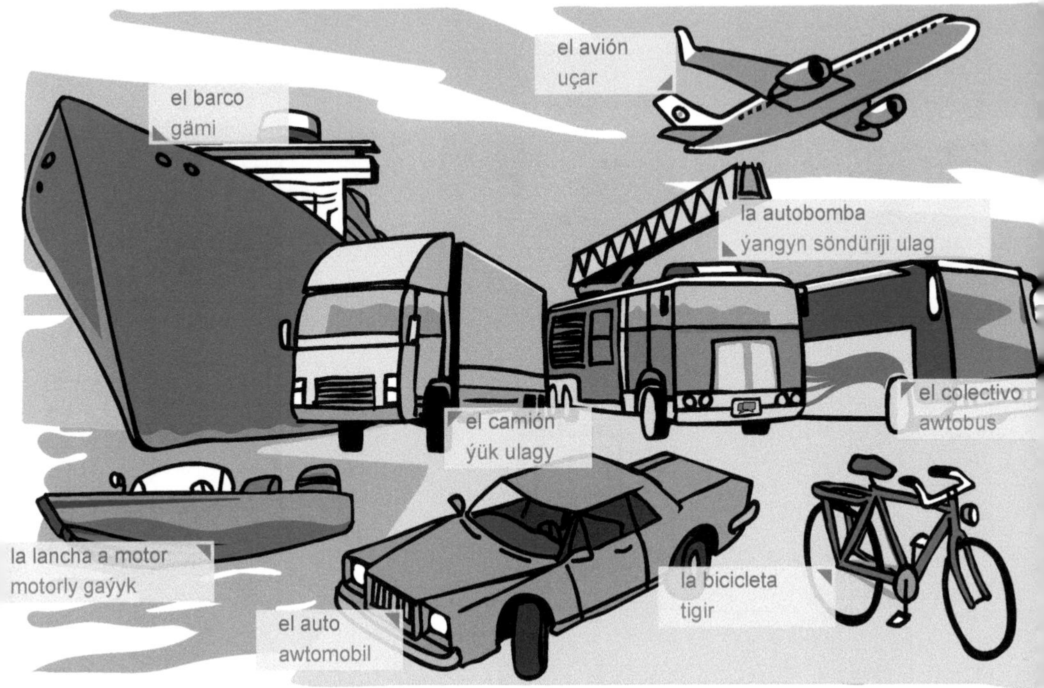
el avión
uçar
el barco
gämi
la autobomba
ýangyn söndüriji ulag
el colectivo
awtobus
el camión
ýük ulagy
la lancha a motor
motorly gaýyk
la bicicleta
tigir
el auto
awtomobil

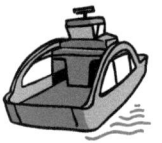

el ferry
parom

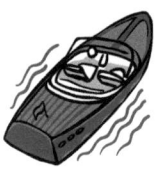

el bote
gaýyk

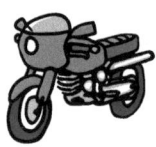

la moto
motosikl

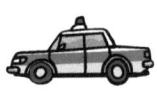

el patrullero
polisiýa ulagy

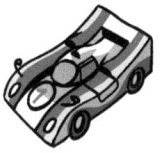

el auto de carreras
çapyşyk

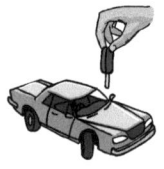

el auto de alquiler
kärendä alnan ulga

el alquiler de autos

ulagy bilelikde ulanmak

la grúa

tirkeg ulagy

el camión de la basura

zir-zibil daşaýan ulag

el motor

hereketlendiriji

la nafta

ýangyç

la estación de servicio

guýma

la señal de tránsito

ýol belgisi

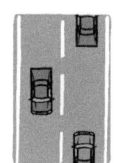

el tránsito

hereket

el embotellamiento

dyky

el estacionamiento

awtoduralga

la estación de tren

menzil

las vías

seplem

el tren

otly

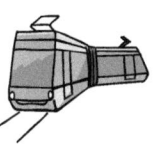

el tranvía

tramwaý

el vagón

wagon

el helicóptero

dik uçar

el aeropuerto

howa menzili

la torre

minara

el pasajero

ýolagçy

el contenedor

konteýner

la caja de cartón

guty

la carretilla

araba

la canasta

sebet

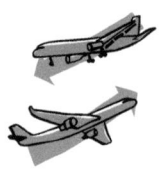

despegar / aterrizar

uçmak / gonmak

la ciudad

şäher

el pueblo

oba

el centro de la ciudad

şäher merkezi

la casa

öý

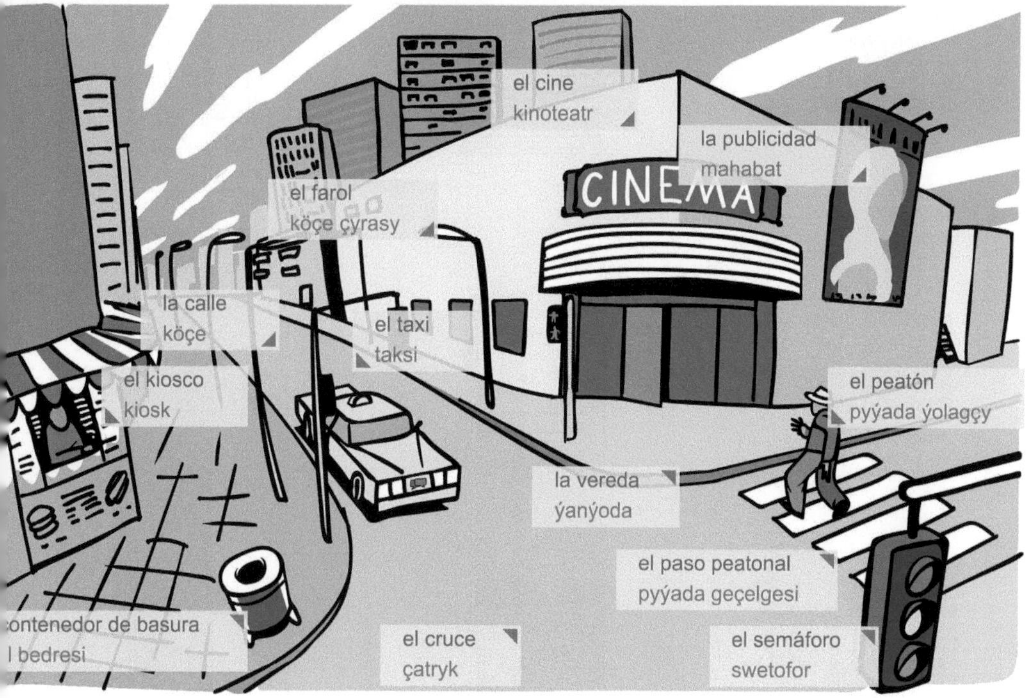

el cine
kinoteatr

la publicidad
mahabat

el farol
köçe çyrasy

CINEMA

la calle
köçe

el taxi
taksi

el kiosco
kiosk

el peatón
pyýada ýolagçy

la vereda
ýanýoda

el paso peatonal
pyýada geçelgesi

ontenedor de basura
l bedresi

el cruce
çatryk

el semáforo
swetofor

la cabaña
kepbe

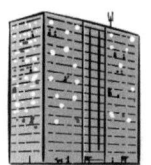

el departamento
öý

la estación de tren
menzil

la municipalidad
şäher häkimligi

el museo
muzeý

el colegio
mekdep

la universidad
uniwersitet

el banco
bank

el hospital
hassahana

el hotel
myhmanhana

la farmacia
dermanhana

la oficina
ofis

la librería
kitap dükany

el negocio
dükan

la florería
gül dükany

el supermercado
supermarket

el mercado
bazar

las grandes tiendas
uniwermag

la pescadería
balyk söwdagäri

el centro comercial
söwda merkezi

el puerto
port

el parque
park

el banco
oturgyç

el puente
köpri

las escaleras
merdiwan

el subte
metro

el túnel
ötük

la parada del colectivo
awtobus

el bar
bar

el restaurante
restoran

el buzón
poçta gutusy

el letrero
köçäni adyny görkezýän
ýazgy

el parquímetro
parkometr

el zoológico
haýwanat bagy

la pileta
basseýn

la mezquita
metjit

la granja
ferma

la contaminación
daşky gurşawyň
hapalanmagy

el cementerio
gonamçylyk

la iglesia
buthana

los juegos infantiles
çaga meýdançasy

el templo
ybadathana

el paisaje

landşaft

la hoja
ýaprak

el poste indicador
ýol görkeziji

el camino
ýol

la pradera
ýaýla

la piedra
daş

el excursionista
syýahatçy

el árbol
agaç

el río
derýa

la hierba
ot

la flor
gül

el valle

dere

la montaña

dag

el lago

köl

el bosque

tokaý

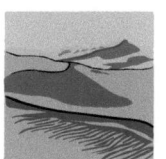

el desierto

çöl

el volcán

wulkan

el castillo

gulp

el arco iris

älemgoşar

el champiñón

kömelek

la palmera

palma agajy

el mosquito

çybyn

la mosca

sinek

la hormiga

garynja

la abeja

bal arysy

la araña

möý

el escarabajo

tomzak

la rana

gurbaga

la ardilla

awusiýdik

el erizo

kirpi

la liebre

towşan

la lechuza

baýguş

el pájaro

guş

el cisne

guw

el jabalí

ýekegapan

el ciervo

sugun

el alce

los

la presa

bent

el aerogenerador

şemal generatory

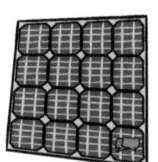

el panel solar

gün batareýasy

el clima

howa

el restaurante
restoran

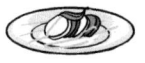

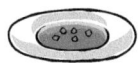

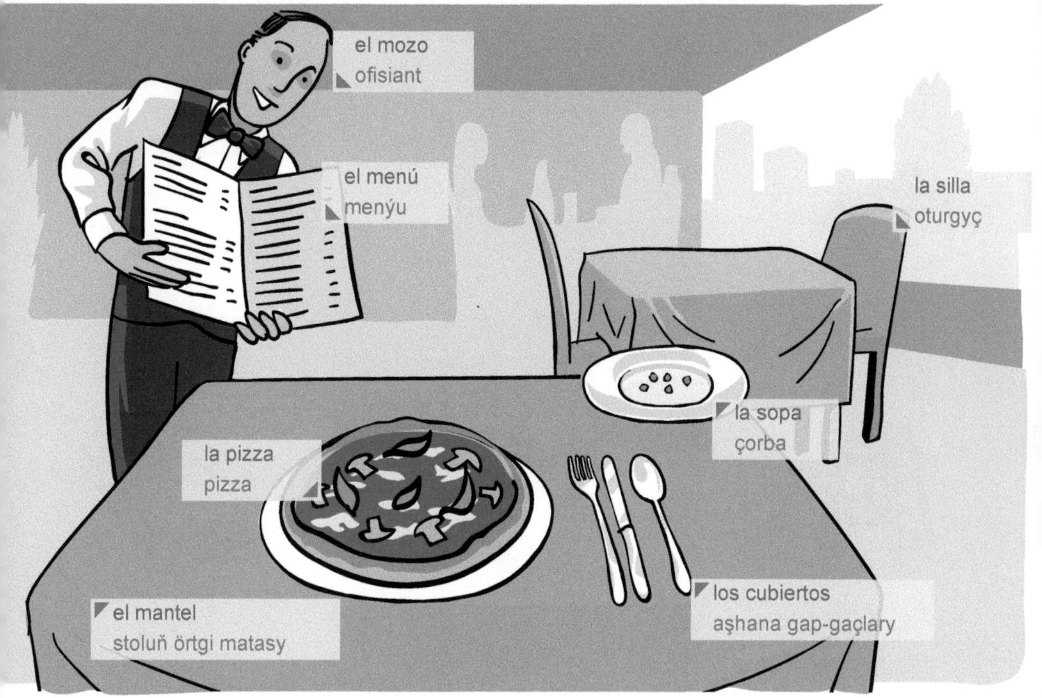

el mozo
ofisiant
el menú
menýu
la silla
oturgyç
la sopa
çorba
la pizza
pizza
el mantel
stoluň örtgi matasy
los cubiertos
aşhana gap-gaçlary

la entrada

garbanma

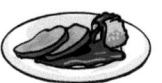

el plato principal

esasy tagam

el postre

süýjülik

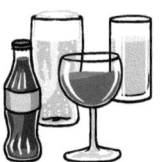

las bebidas

içgiler

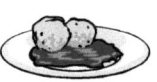

la comida

nahar

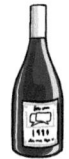

la botella

süýşe

la comida rápida

tiz tagam

la comida callejera

köçe iýmiti

la tetera

çäýnek, kitir

la azucarera

şeker gaby

la porción

porsiýa

la cafetera expreso

kofe gaýnadyjy

la sillita alta

çaga oturgyjy

la cuenta

hasap

la bandeja

mejme

el cuchillo

pyçak

el tenedor

çarşak

la cuchara

çemçe

la cucharita

çaý çemçesi

la servilleta

salfetka

el vaso

bulgur

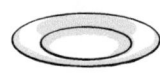

el plato
tarelka

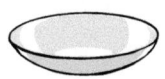

el plato hondo
çorba tarelkasy

el plato
tabajyk

la salsa
sous

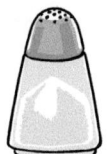

el salero
duz gaby

el molinillo de pimienta
burçy üweýji

el vinagre
sirke

el aceite
ýag

las especias
huruş

el kétchup
ketçup

la mostaza
gorçisa

la mayonesa
maýonez

el supermercado
supermarket

la oferta especial
ýörite teklip
FOR
el cliente
alyjy
los lácteos
süýt önümleri
la fruta
miweler
el changuito
satyn alnan zatlar üçin araba

BUTCHERS

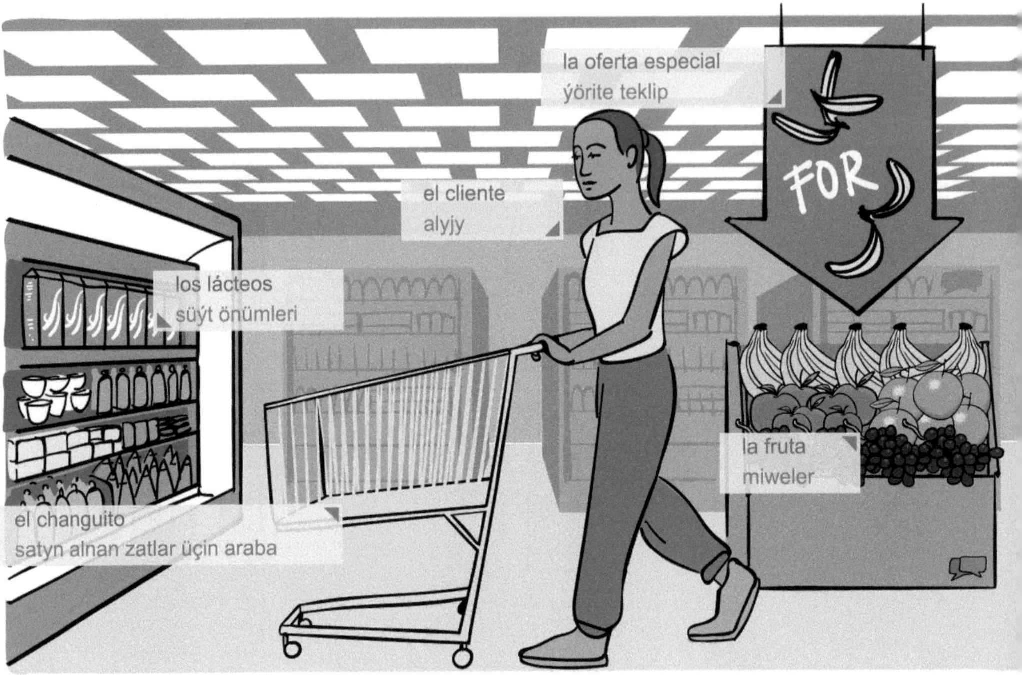

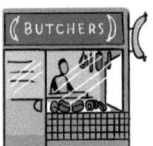

la carnicería

et dükany

BAKERY

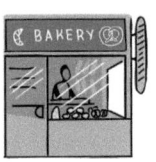

la panadería

çörek kärhanasy

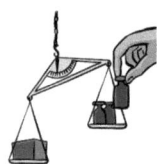

pesar

ölçemek

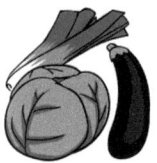

las verduras

gök önümler

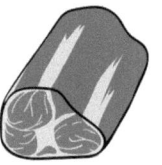

la carne

et

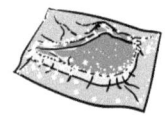

los alimentos congelados

tiz doňýan önümler

los fiambres

kesme

los alimentos enlatados

konserwirlenen önümler

el detergente en polvo

kir ýuwujy toz

las golosinas

süýjülikler

los electrodomésticos

öýde ulanylýan zat

los productos de limpieza

ýuwujy serişde

la vendedora

satyjy aýal

la caja

kassa

el cajero

pulhanaçy

la lista de compras

satyn alynmaly zatlar

el horario de atención

iş wagty

la billetera

gapjyk

la tarjeta de crédito

karz karty

la cartera

sumka

la bolsa de plástico

polietilen paket

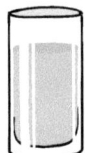

el agua

suw

el jugo

şire

la leche

süýt

la bebida cola

koka-kola

el vino

wino

la cerveza

piwo

el alcohol

alkogol

el cacao

kakao

el té

çaý

el café

kofe

el café expreso

espresso

el cappuccino

kapuçino

la banana

banan

la manzana

alma

la naranja

pyrtykal

el melón

garpyz

el limón

limon

la zanahoria

käşir

el ajo

sarymsak

el bambú

bambuk

la cebolla

sogan

el champiñón

kömelek

las nueces

hoz

los fideos

un aş

los tallarines

spagetti

el arroz

tüwi

la ensalada

işdäaçar

las papas fritas

gowurylan ýer alma

las papas fritas

gowurylan ýer alma

la pizza

pizza

la hamburguesa

gamburger

el sándwich

sendwiç

el churrasco

üweme

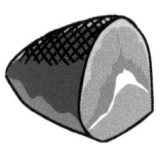

el jamón

wetçina

el salame

salýami

la salchicha

şöhlat

el pollo

towuk

el asado

gowrulyp taýýarlanýan
nahar

el pescado

balyk

los copos de avena

süle patragy

el muesli

mýusli

los copos de maíz

mekgejöwen patragy

la harina

un

la medialuna

kruassan

el pancito

bulka

el pan

çörek

la tostada

tost

las galletitas

köke

la manteca

ýag

la cuajada

dorog

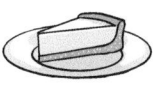

la torta

pirog

el huevo

ýumurtga

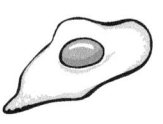

el huevo frito

heýgenek

el queso

peýnir

el helado

doňdurma

el azúcar

şeker

la miel

bal

la mermelada

marmelad

la pasta de chocolate

nogully krem

el curry

karri

la granja
ferma

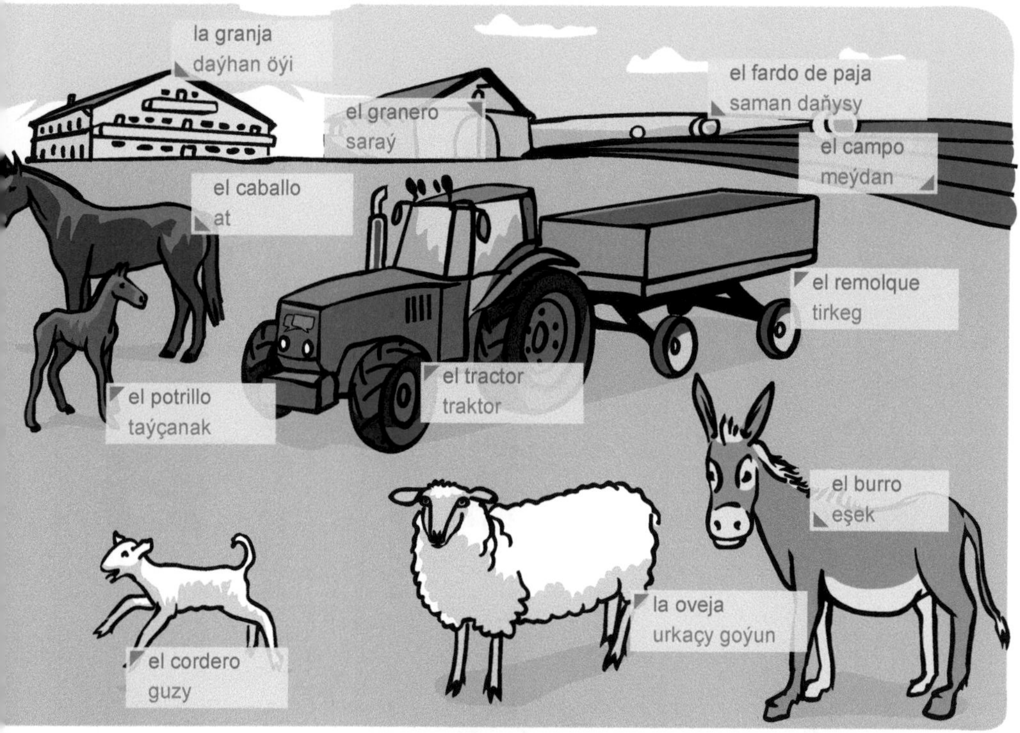
la granja
daýhan öýi
el granero
saraý
el fardo de paja
saman daňysy
el campo
meýdan
el caballo
at
el remolque
tirkeg
el tractor
traktor
el potrillo
taýçanak
el burro
eşek
la oveja
urkaçy goýun
el cordero
guzy

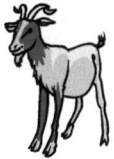

la cabra
geçi

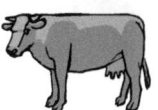

la vaca
sygyr

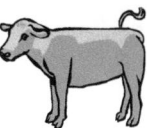

el ternero
göle

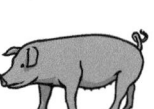

el cerdo
doňuz

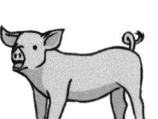

el lechón
jojuk

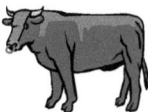

el toro
öküz

el ganso
gaz

el pato
ördek

el pollo
jüýje

la gallina
towuk

el gallo
horaz

la rata
alaka

el gato
pişik

el ratón
syçan

el buey
öküz

el perro
it

la cucha
it ýatagy

la manguera
bag şlangy

la regadera
guýgyç

la guadaña
orak

el arado
azal

la hoz

orak

la azada

kätmen

la horquilla

dökün çarşagy

el hacha

palta

la carretilla

galtak

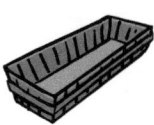

el abrevadero

kersen

la lechera

süýt üçin tüññür

la bolsa

halta

la reja

haýat

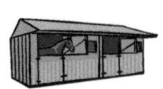

el establo

çörek

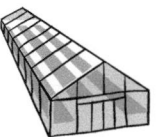

el invernadero

ýyladyşhana

el suelo

toprak

la semilla

ekin

el fertilizador

dökün

la cosechadora

kombaýn

cosechar

hasyl ýygnamak

la cosecha

galla

las batatas

ýams

el trigo

bugdaý

la soja

soýa

la papa

ýeralma

el maíz

mekgejöwen

la semilla de colza

raps

el árbol frutal

miwe agajy

la mandioca

manioka

los cereales

däneli ösümlikler

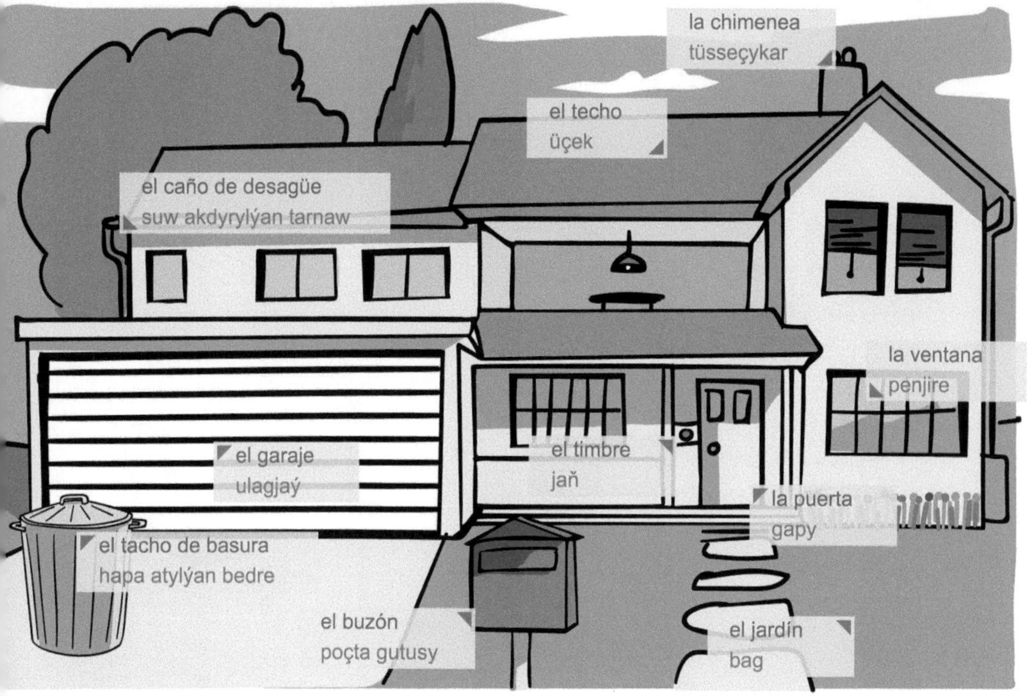

la chimenea
tüsseçykar

el techo
üçek

el caño de desagüe
suw akdyrylýan tarnaw

la ventana
penjire

el garaje
ulagjaý

el timbre
jaň

la puerta
gapy

el tacho de basura
hapa atylýan bedre

el buzón
poçta gutusy

el jardín
bag

el living

myhman otagy

el baño

wanna otagy

la cocina

aşhana

el dormitorio

ýatalga otagy

el cuarto de los chicos

çaga otagy

el comedor

naharhana

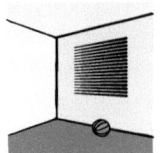

el piso

pol

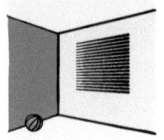

la pared

diwar

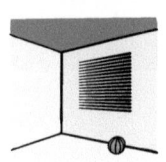

el cielorraso

potolok

el sótano

ýerzemin

el sauna

hamam

el balcón

balkon

la terraza

eýwan

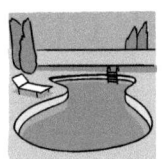

la pileta

howdan

la cortadora de pasto

gazon orujy

la sábana

ýorgan daşlygy

el acolchado

örtgi

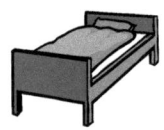

la cama

ýatakça

la escoba

sübse

el balde

bedre

el interruptor

öçüriji

el living
myhman otagy

el empapelado
oboýlar
la imagen
çekilen surat
la lámpara
çyra
el estante
tekje
el armario
şkaf
la televisión
telewizor
la chimenea
kamin
la flor
gül
el almohadón
ýassyk
el sofá
diwan
el florero
küýze
el control remoto
aralykdan dolandyryş pulty

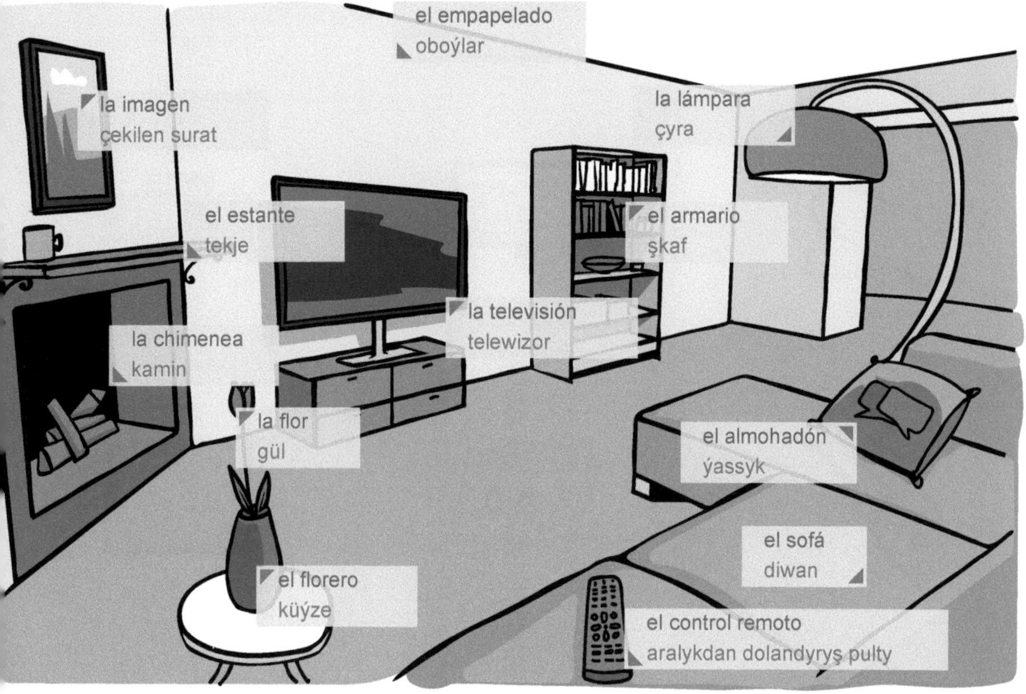

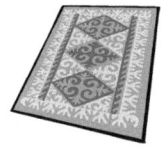

la alfombra
haly

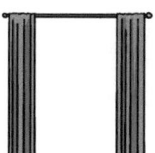

la cortina
tuty

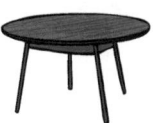

la mesa
stol

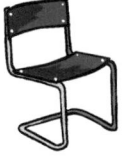

la silla
oturgyç

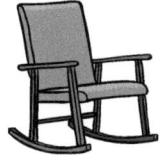

la mecedora
öňe-yza gaýdýan kürsi

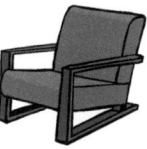

el sillón
kürsi

el libro
kitap

la frazada
örtgi

la decoración
bezeg

la leña
odun

la película
film

el equipo de música
stereo ulgam

la llave
açar

el diario
gazet

la pintura
surat

el póster
ündewsurat

la radio
radio

el cuaderno
bloknot

la aspiradora
tozan sorujy

el cactus
kaktus

la vela
şem

la cocina
aşhana

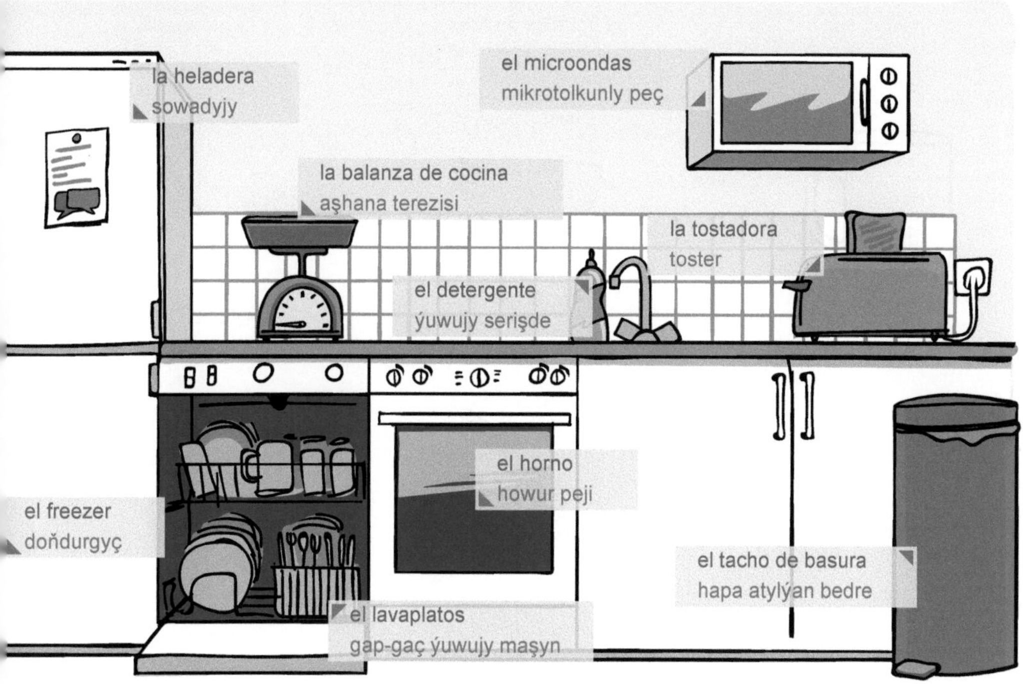

la heladera
sowadyjy
el microondas
mikrotolkunly peç
la balanza de cocina
aşhana terezisi
la tostadora
toster
el detergente
ýuwujy serişde
el horno
howur peji
el freezer
doňdurgyç
el tacho de basura
hapa atylýan bedre
el lavaplatos
gap-gaç ýuwujy maşyn

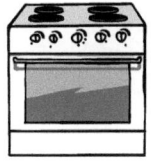

la cocina

plita

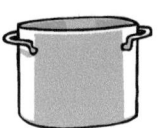

la olla

piti

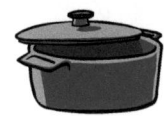

la olla de hierro fundido

çoýun gazany

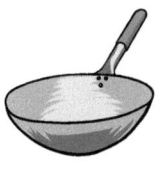

el wok

wok / kadaý

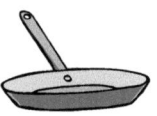

la sartén

saç

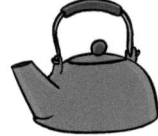

la pava

çäýnek, kitir

la vaporera

bugda bişiriji

la bandeja de horno

protiwen

la vajilla

gap-gaç

la taza

kürşge

el bol

jam

los palitos

nahar iýilýän taýajyklar

el cucharón

susak

la espátula

piljagaz

la batidora

ýaýylýan maşyn

el colador

elek

el colador

elek

el rallador

gyrgyç

el mortero

soky

la parrilla

gril

la fogata

ot

la cocina - aşhana

la tabla de picar

tagta

el palo de amasar

oklaw

el sacacorchos

ştopor

la lata

tüneke banka

el abrelatas

konserwa pyçagy

la manopla

tutguç

la pileta

rakowina

el cepillo

çotga

la esponja

gubka

la batidora

mikser

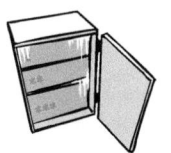

el congelador

doňdurma kamerasy

la mamadera

çagany iýmitlendirmek üçin çüýşejik

la canilla

kran

el baño

wanna otagy

la ducha
duş
la calefacción
ýyladyş
la toalla
süpürgiç
la cortina de la ducha
duş üçin tuty
el baño de espuma
köpürjikli wanna
la bañadera
wanna
el vaso
bulgur
el lavarropas
kir ýuwulýan maşyn
la canilla
kran
las baldosas
plitka
la pelela
küýze
la pileta
rakowina

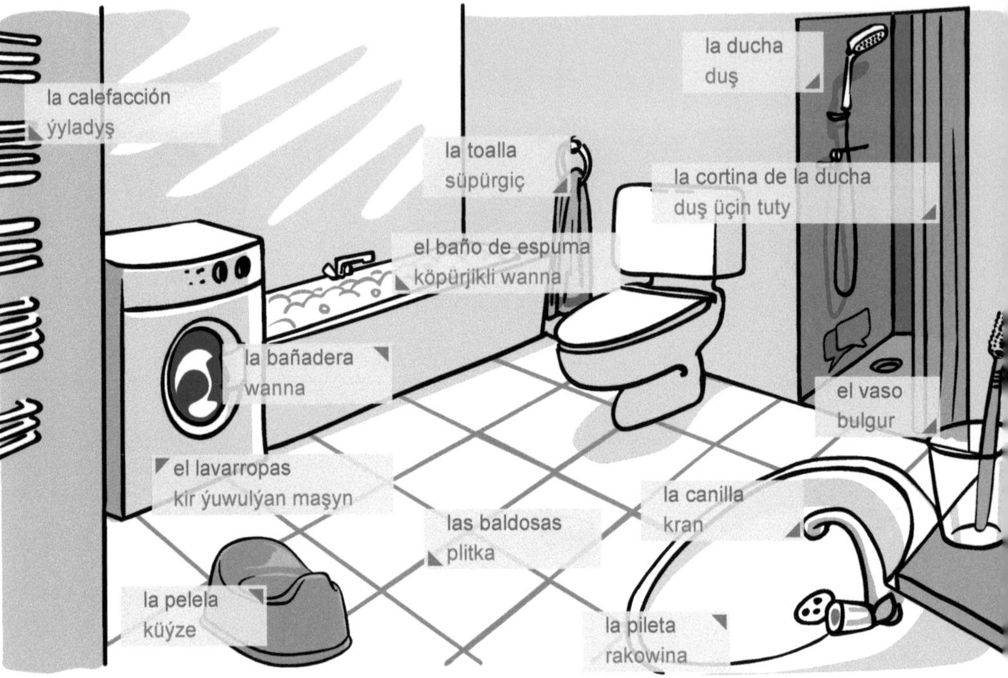

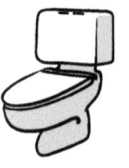

el inodoro

hajathana

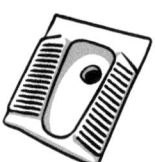

la letrina

polda oturdylýan unitaz

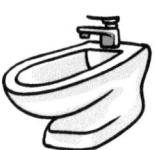

el bidé

bide

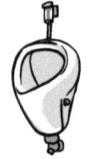

el mingitorio

pissuar

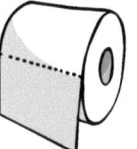

el papel higiénico

hajathana kagyzy

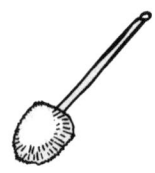

el cepillo para el inodoro

hajathana çotgasy

el cepillo de dientes

diş çotgasy

el dentífrico

diş pastasy

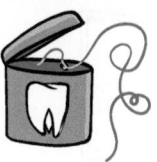

el hilo dental

diş sapagy

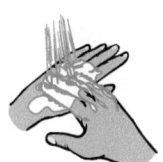

lavar

ýuwmak

la ducha de mano

el duşy

la ducha higiénica

şahsy duş

la palangana

legen

el cepillo para la espalda

arka üçin çotga

el jabón

sabyn

el gel de ducha

duş üçin gel

el shampoo

şampun

la toallita

moçalka

el desagüe

akyş

la crema

krem

el desodorante

dezodorant

el espejo
aýna

el espejito
el aýnasy

la maquinita de afeitar
päki

la espuma de afeitar
sakgal syrmak üçin köpürjik

el aftershave
sakgal syrylanyndan soňky losýon

el peine
darak

el cepillo
çotga

el secador de pelo
fen

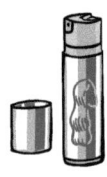

el spray
saç üçin lak

el maquillaje
kosmetika

el lápiz de labios
dodaga çalynýan reňk

el esmalte para uñas
dyrnaga çalynýan reňk

el algodón
pamyk

la tijera para uñas
manikýur gaýçysy

el perfume
atyr

el portacosméticos

kosmetika üçin gutujyk

la banqueta

oturgyç

la balanza

terezi

la bata

halat

los guantes de goma

rezin ellik

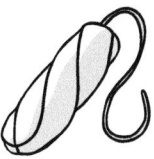

el tampón

tampon

la toallita femenina

gigiýena prokladkasy

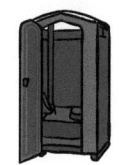

el baño químico

biohajathana

el cuarto de los chicos
çaga otagy

el despertador
oýaryjy
el peluche
ýumşak oýnawaç
el coche de juguete
oýnawaç awtoulag
el sonajero
şakyrdawukly oýnawaç
la casa de muñecas
gurjak öýi
el regalo
sowgat

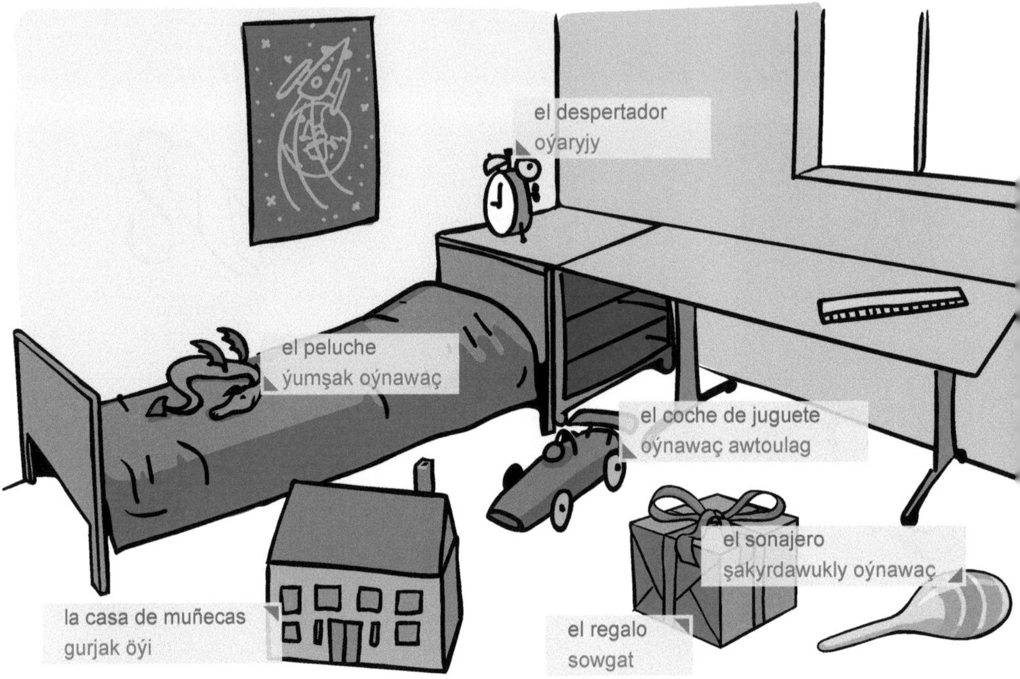

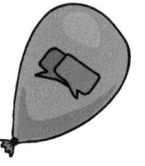

el globo

howaly şar

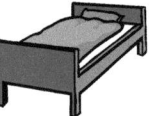

la cama

ýatakça

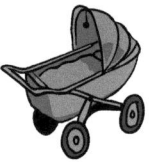

el cochecito

çaga arabasy

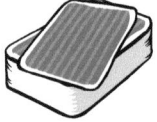

las cartas

kart oýny

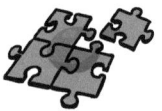

el rompecabezas

pazl

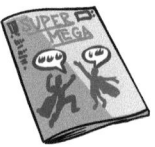

la historieta

komiks

las piezas de lego

Lego kerpiçleri

los ladrillos de juguete

kubikler

la figura de acción

oýnawaç şekil

el enterito (de bebé)

çagalar üçin joraply balak

el frisbee

frisbi

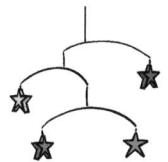

el móvil para bebés

mobile

el juego de mesa

stolüsti oýun

los dados

kubik

el tren eléctrico

demir ýolunyň modeli

el chupete

soska

la fiesta

şagalaň

el libro de cuentos ilustrado

şekilli kitap

la pelota

top

la muñeca

gurjak

jugar

oýnamak

el arenero

çäge aýmança

la hamaca

hiňňildik

los juguetes

oýnawaç

la consola de videojuegos

oýun pristawkasy

el triciclo

üç tigirli welosiped

el osito de peluche

plýuşadan aýyjyk

el armario

egin-eşik üçin şkaf

la ropa

egin-eşik

las medias

jorap

las medias panty

çulki

las calzas

kolgotka

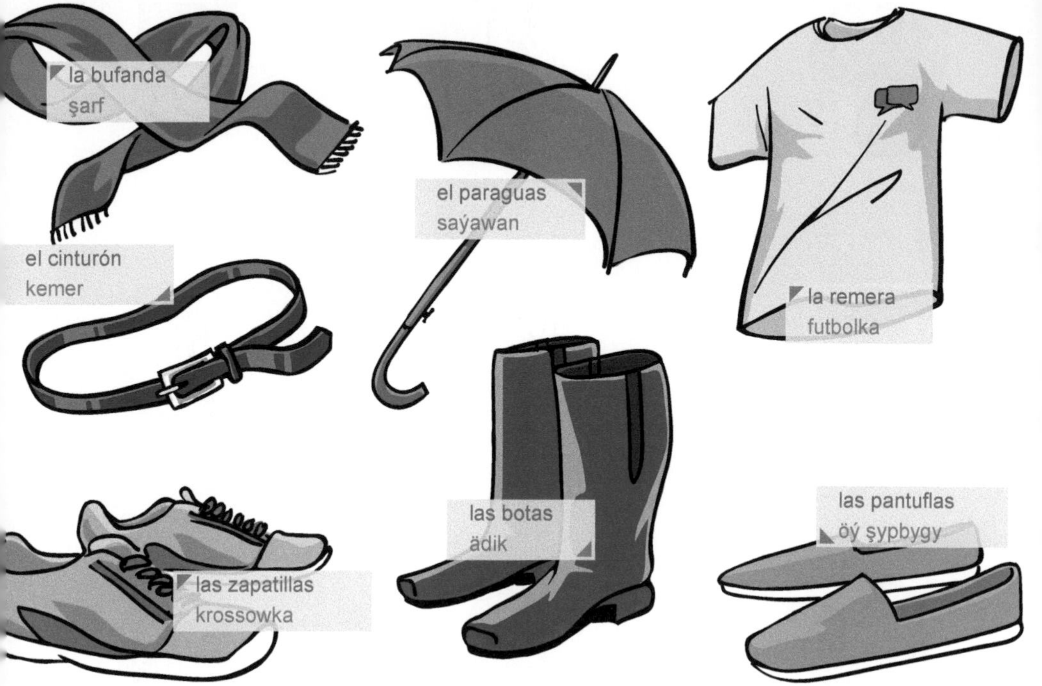

la bufanda
şarf

el cinturón
kemer

el paraguas
saýawan

la remera
futbolka

las botas
ädik

las pantuflas
öý şypbygy

las zapatillas
krossowka

las sandalias
··············
sandaliýa

los zapatos
··············
aýakgap

las botas de goma
··············
rezin ädik

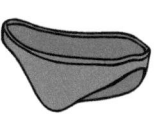

la ropa interior
··············
türsük

el corpiño
··············
göwüslik

el chaleco
··············
maýka

el body
bodi

los pantalones
jalbar

los jeans
jins

la pollera
ýubka

la blusa
bluzka

la camisa
köýnek

el pulóver
switer

el buzo
switer

el blazer
sport keltekçesi

la campera
žaket

el tapado
palto

el piloto
plaş

el traje
kostýum

el vestido
köýnek

el vestido de novia
toý köýnegi

el traje

erkek üçin kostýum

el camisón

ýatyş köýnegi

el pijama

pižama

el sari

sari

el pañuelo para la cabeza

ýaglyk

el turbante

selle

la burka

perenji

el caftán

kaftan

la abaya

abaýa

el traje de baño

suwa düşmek üçin lybas

el short de baño

plawki

los shorts

şorty

el jogging

sport lybasy

el delantal

öňlük

los guantes

ellik

el botón
ilik

los anteojos
äýnek

la pulsera
bilezik

el collar
zynjyr

el anillo
ýüzük

el aro
syrga

la gorra
papak

la percha
geýim asgyç

el sombrero
şlýapa

la corbata
galstuk

el cierre
syrma

el casco
şlem

los tiradores
egnaşyr kemer

el uniforme escolar
mekdep lybasy

el uniforme
lybas

el babero

çaga döşlügi

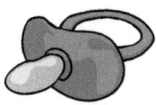

el chupete

soska

el pañal

arlyk

la oficina
ofis

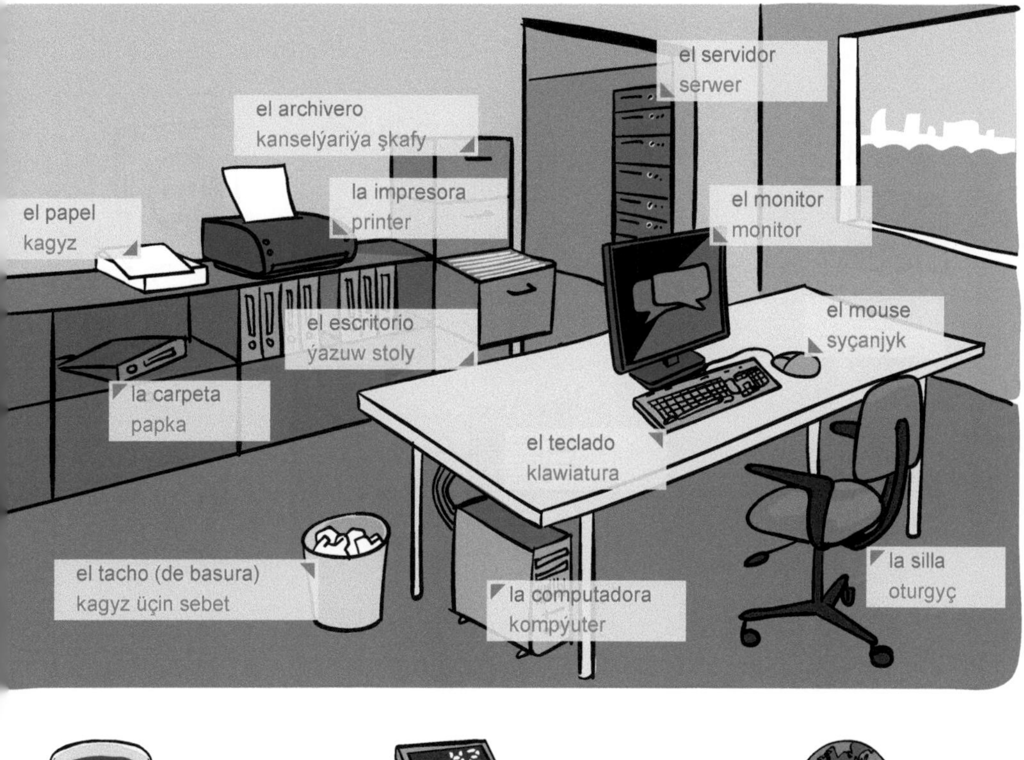

el servidor
serwer

el archivero
kanselýariýa şkafy

la impresora
printer

el monitor
monitor

el papel
kagyz

el escritorio
ýazuw stoly

el mouse
syçanjyk

la carpeta
papka

el teclado
klawiatura

el tacho (de basura)
kagyz üçin sebet

la silla
oturgyç

la computadora
kompýuter

la taza de café

kofe kružkasy

la calculadora

kalkulýator

el internet

internet

la laptop

noutbuk

la carta

hat

el mensaje

habar

el celular

öýjükli telefon

la red

tor

la fotocopiadora

kseroks

el software

programma

el teléfono

telefon

el tomacorriente

rozetka

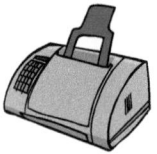

el fax

faks

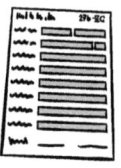

el formulario

formulýar

el documento

resminama

comprar
satyn almak

pagar
tölemek

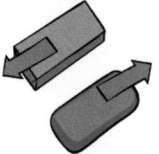

hacer negocios
söwda etmek

el dinero
pul

el dólar
dollar

el euro
ýewro

el yen
iena

el rublo
rubl

el franco suizo
frank

el yuan
ženminbi ýuan

la rupia
rupiýa

el cajero automático
bankomat

la casa de cambio

walýuta çalyşmak üçin bent

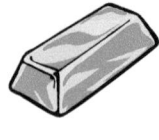

el oro

altyn

la plata

kümüş

el petróleo

nebit

la energía

energiýa

el precio

baha

el contrato

şertnama

el impuesto

salgyt

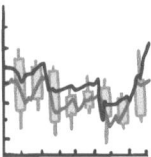

la acción

paýnama

trabajar

işlemek

el empleado

gullukçy

el empleador

iş beriji

la fábrica

fabrik

el negocio

dükan

las ocupaciones
hünärler

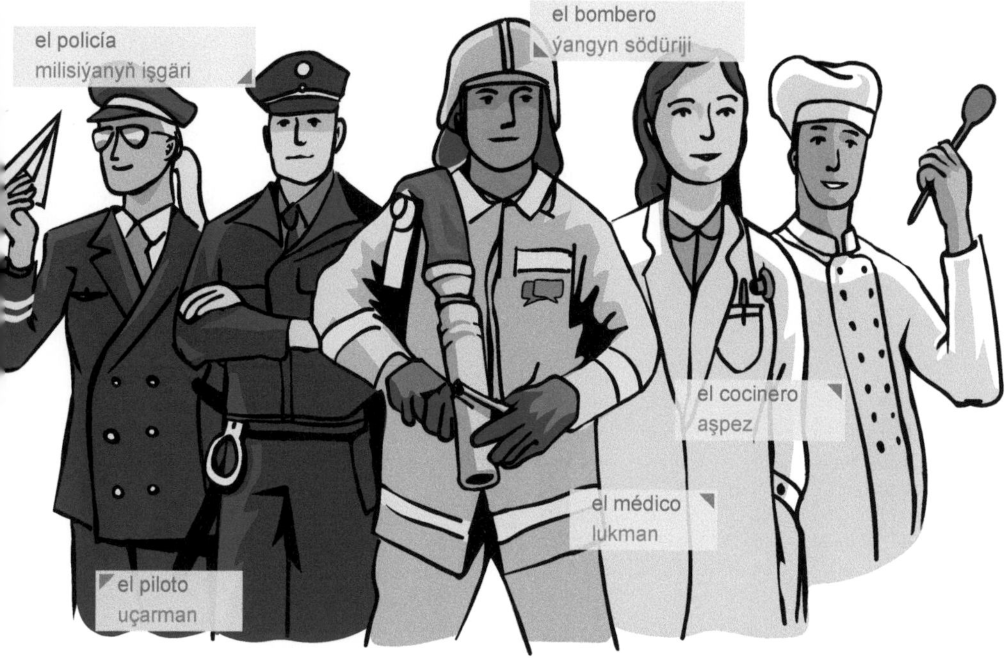
el policía
milisiýanyň işgäri
el bombero
ýangyn söndüriji
el cocinero
aşpez
el médico
lukman
el piloto
uçarman

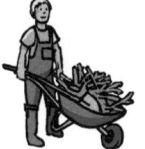

el jardinero

bagban

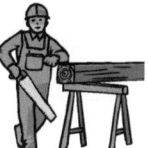

el carpintero

agaç ussasy

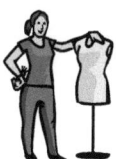

la modista

tikinçi

el juez

kazy

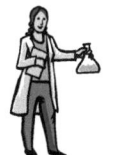

el farmacéutico

himik

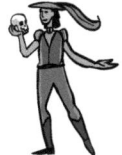

el actor

aktýor

el colectivero

awtobus sürüjisi

el taxista

taksiçi

el pescador

balykçy

la mucama

tam süpüriji

el techista

üçek basyrýan ussa

el mozo

ofisiant

el cazador

awçy

el pintor

suratçy

el panadero

çörekçi

el electricista

elektrik

el albañil

gurluşykçy

el ingeniero

inžener

el carnicero

gassap

el plomero

santehnik

el cartero

hatçy

el soldado

esger

el arquitecto

binagär

el cajero

pulhanaçy

el florista

floraçy

el peluquero

dellekçi

el cobrador

konduktor

el mecánico

mehanik

el capitán

kapitan

el dentista

diş lukmany

el científico

alym

el rabino

rawwin

el imán

imam

el monje

monah

el sacerdote

ruhany

las herramientas
gurallar

el martillo
çekiç
la tenaza
ýasy agyzly atagzy
el destornillador
otwýortka
la llave
gaýka açary
la linterna
jübü çyrasy

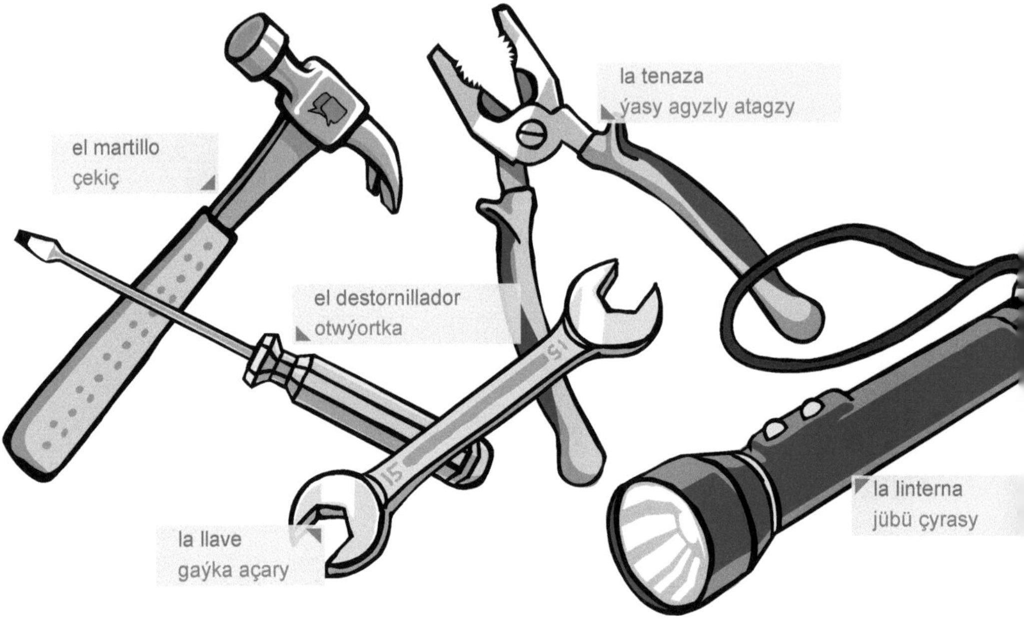

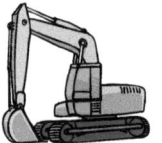

la excavadora
ekskawator

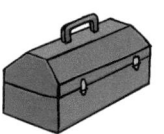

la caja de herramientas
gurallar üçin gap

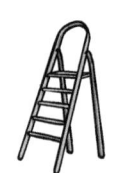

la escalera portátil
merdiwan

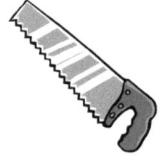

la sierra
byçgy

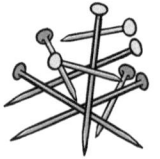

los clavos
çüýler

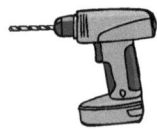

el taladro
drel

arreglar

abatlamak

la pala de jardín

pil

¡Qué bronca!

Bolmandyr!

la pala de plástico

susguç

el tacho de pintura

boýagly bedre

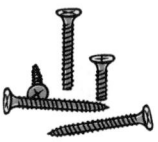

los tornillos

nurbatlar

los instrumentos musicales
saz gurallary

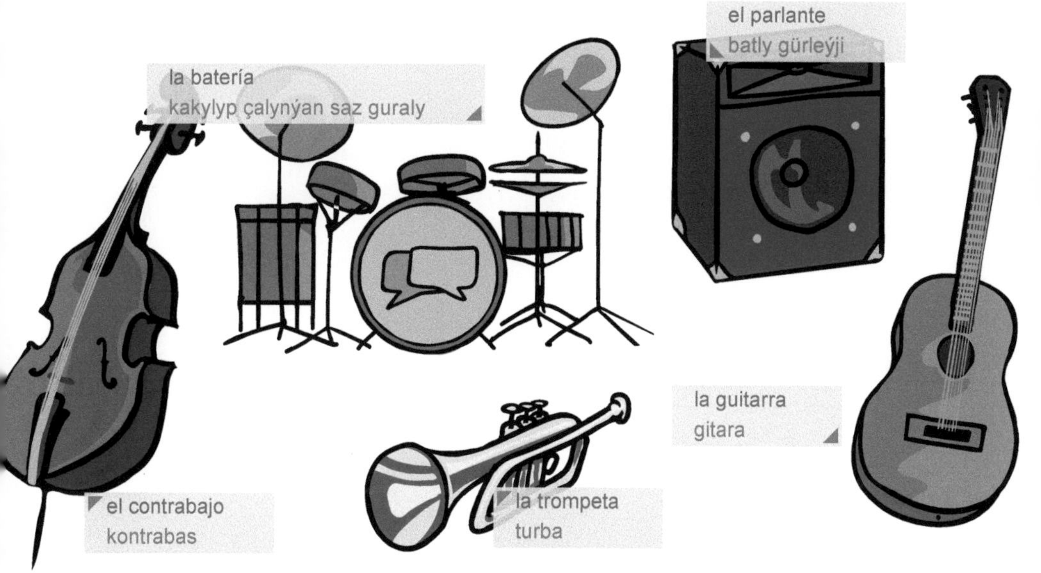

la batería
kakylyp çalynýan saz guraly

el parlante
batly gürleýji

la guitarra
gitara

el contrabajo
kontrabas

la trompeta
turba

el piano

pianino

el violín

skripka

el bajo

bas-gitara

los timbales

nagara

el tambor

deprek

el teclado

sintezator

el saxofón

saksafon

la flauta

fleýta

el micrófono

mikrofon

el zoológico

haýwanat bagy

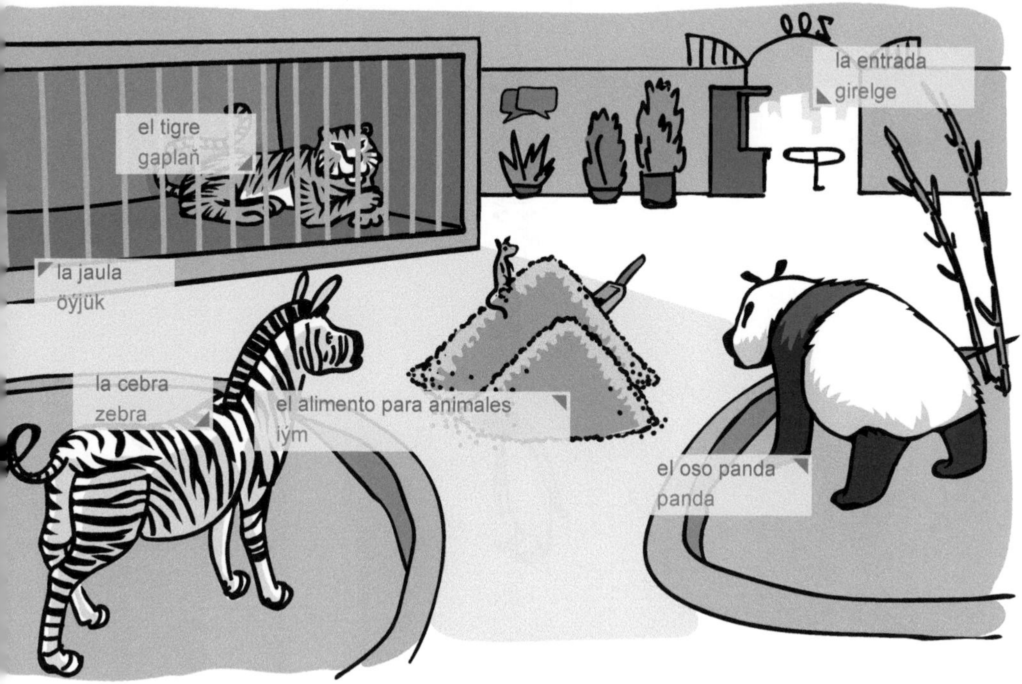
la entrada
girelge
el tigre
gaplaň
la jaula
öýjük
la cebra
zebra
el alimento para animales
iým
el oso panda
panda

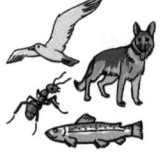

los animales
haýwanlar

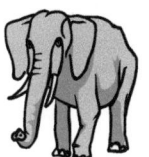

el elefante
pil

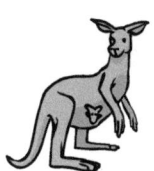

el canguro
kenguru

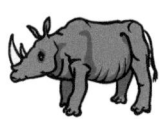

el rinoceronte
nosorog

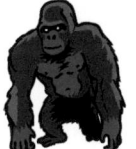

el gorila
gorilla

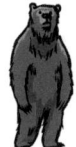

el oso
aýy

el camello

düýe

el avestruz

düýeguş

el león

ýolbars

el mono

maýmyn

el flamenco

gyzylinjik

el loro

hindiguş

el oso polar

ak aýy

el pingüino

pingwin

el tiburón

akula

el pavo real

tawus

la serpiente

ýylan

el cocodrilo

krokodil

el cuidador del zoológico

haýwanat bagynyň
gullukçysy

la foca

düwlen

el jaguar

ýaguar

el poni

poni

el leopardo

gaplaň

el hipopótamo

begemot

la jirafa

žiraf

el águila

bürgüt

el jabalí

ýekegapan

el pescado

balyk

la tortuga

pyşbaga

la morsa

suwpişik

el zorro

tilki

la gacela

jeren

el fútbol americano
amerikan

el ciclismo
tigir sürmek

el tenis
tennis

el básquet
basketbol

la natación
ýüzme

el boxeo
boks

el hockey sobre hielo
hokkeý

el fútbol
futbol

el bádminton
badminton

el atletismo
ýeňil atletika

el handball
gandbol

el esquí
lyža sporty

el polo
polo

las actividades
hereket

saltar
bökmek
abrazar
gujaklamak
reír
gülmek
caminar
gitmek
cantar
aýdym aýtmak
soñar
arzuw etmek
rezar
dilemek
besar
öpmek

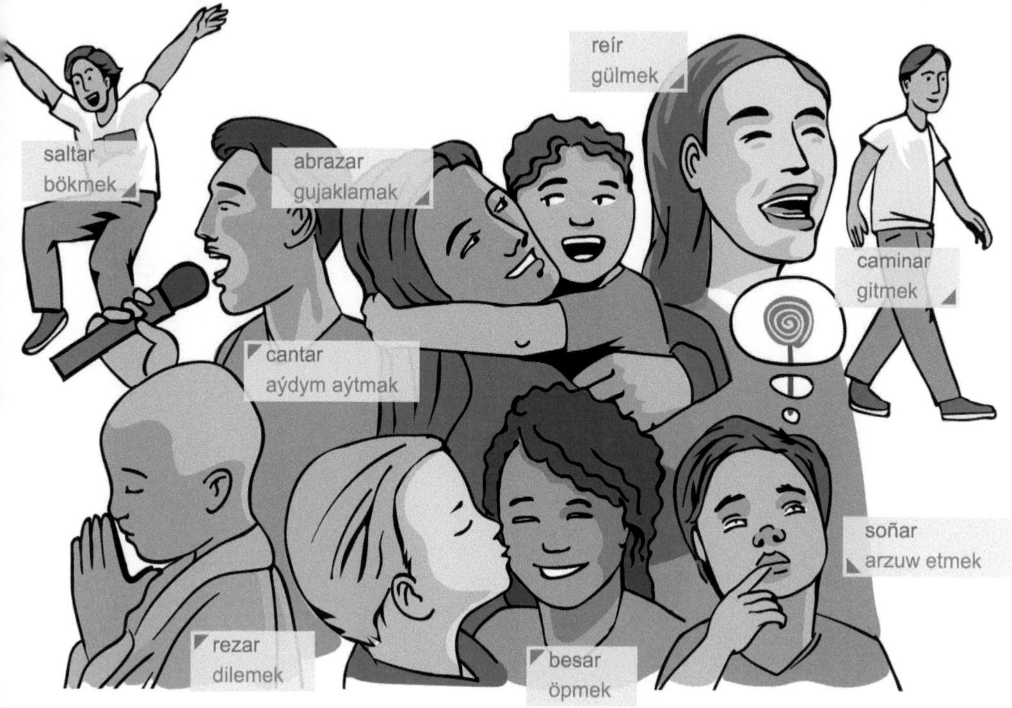

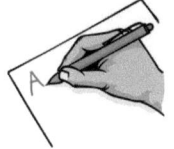

escribir

ýazmak

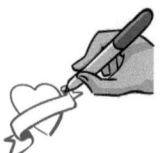

dibujar

surat çekmek

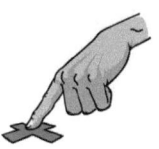

mostrar

görkezmek

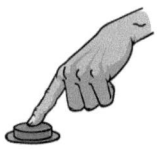

presionar

basmak

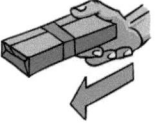

dar

bermek

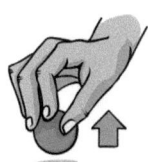

tomar

almak

tener

eýe bolmak

hacer

etmek

ser

bolmak

estar parado

durmak

correr

ylgamak

tirar

çekmek

tirar

taşlamak

caer

gaçmak

estar acostado

ýatmak

esperar

garaşmak

llevar

götermek

estar sentado

oturmak

vestirse

geýmek

dormir

ýatmak

despertar

oýanmak

mirar
görmek

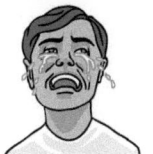

llorar
aglamak

acariciar
sypalamak

peinar
daramak

hablar
gürlemek

entender
düşünmek

preguntar
soramak

escuchar
diňlemek

beber
içmek

comer
iýmek

ordenar
tertipleşdirmek

amar
söýmek

cocinar
taýýarlmak

manejar
gitmek

volar
uçmak

navegar

ýelkeni ýaýyp gitmek

calcular

hasaplamak

leer

okamak

aprender

okamak

trabajar

işlemek

casarse

nikalaşmak

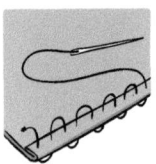

coser

dikmek

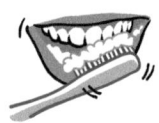

cepillarse los dientes

dişiňi arassalamak

matar

öldürmek

fumar

çilim çekmek

enviar

ugratmak

la familia

maşgala

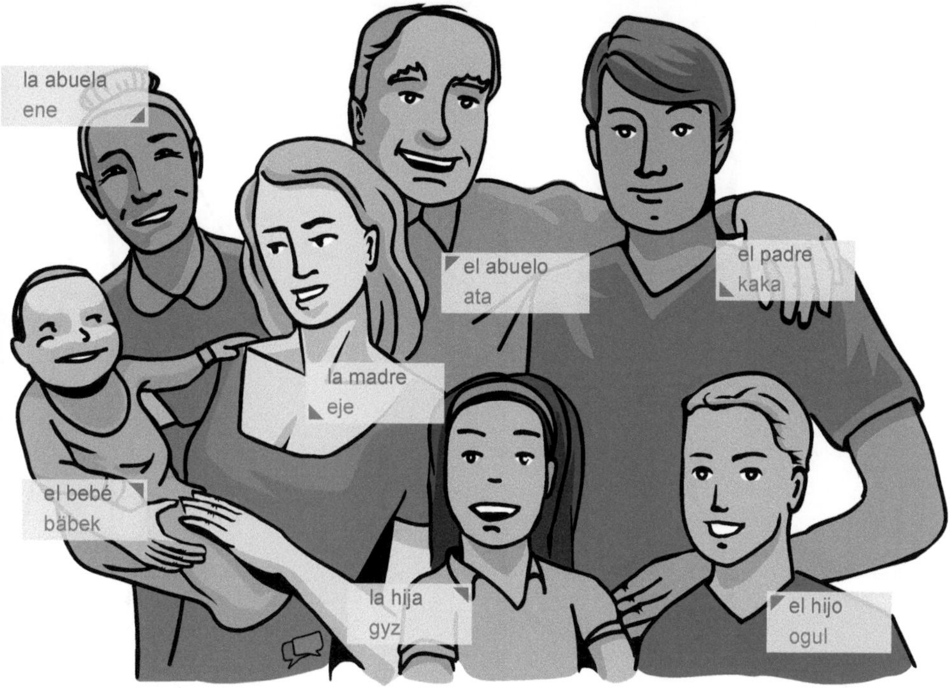

la abuela
ene
el abuelo
ata
el padre
kaka
la madre
eje
el bebé
bäbek
la hija
gyz
el hijo
ogul

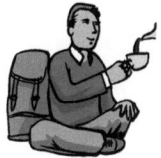

el invitado

myhman

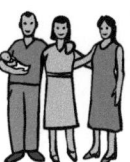

la tía

daýza

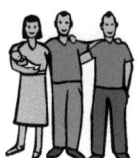

el tío

daýy

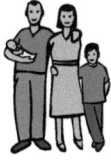

el hermano

aga

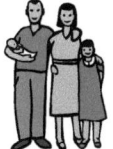

la hermana

uýa

el cuerpo

ten

la frente
maňlaý
el ojo
göz
el hombro
egin
el dedo
barmak
la cara
ýüz
la pera
äň
la mano
penje
la pierna
aýak
el pecho
döş
el brazo
el

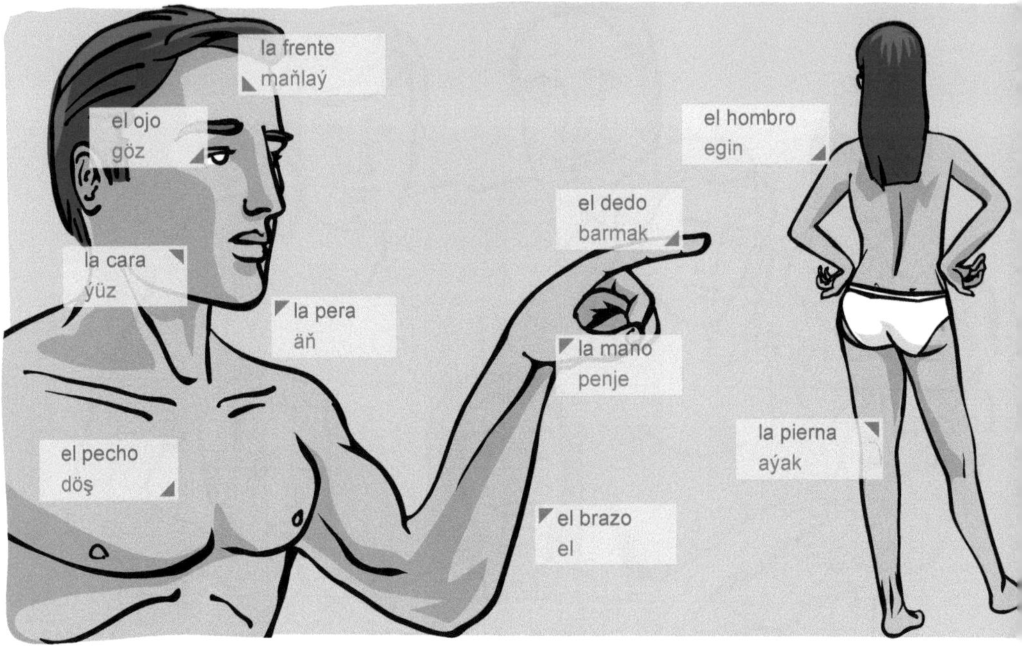

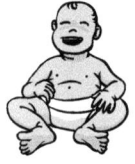

el bebé

bäbek

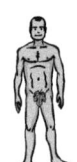

el hombre

erkek

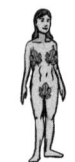

la mujer

aýal

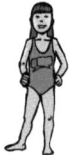

la nena

gyz

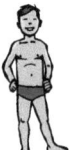

el nene

oglan

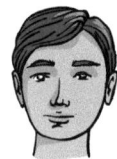

la cabeza

kelle

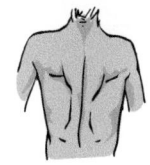

la espalda
arka

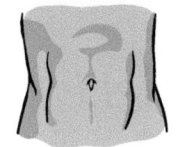

la panza
garyn

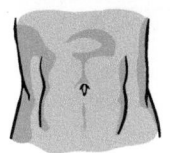

el ombligo
göbek

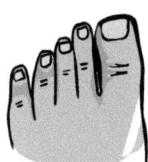

el dedo del pie
aýak barmagy

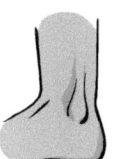

el talón
ökje

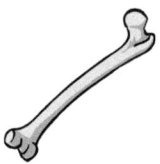

el hueso
süňk

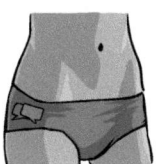

la cadera
but

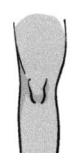

la rodilla
dyz

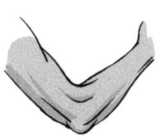

el codo
tirsek

la nariz
burun

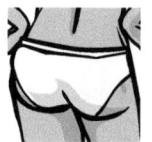

la cola
ýanbaş

la piel
deri

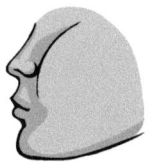

el cachete
ýaňak

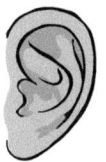

la oreja
gulak

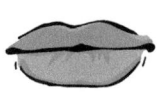

el labio
dodak

la boca
....
agyz

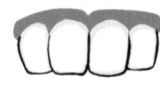

el diente
....
diş

la lengua
....
dil

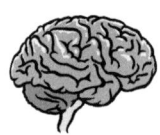

el cerebro
....
beýni

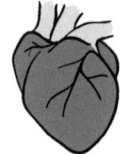

el corazón
....
ýürek

el músculo
....
myşsa

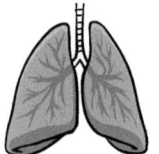

el pulmón
....
öýken

el hígado
....
bagyr

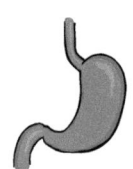

el estómago
....
aşgazan

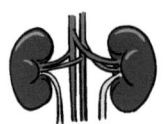

los riñones
....
böwrek

el sexo
....
jyns ýakynlygy

el preservativo
....
prezerwatiw

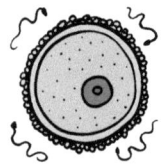

el óvulo
....
erkeklik jyns öýjügi

el semen
....
tohumlyk

el embarazo
....
göwrelilik

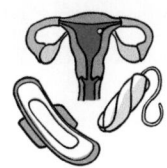

la menstruación
bil açylma

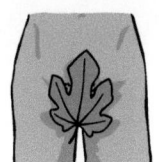

la vagina
wagina

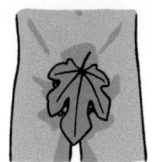

el pene
erkek jyns agzasy

la ceja
gaş

el pelo
saç

el cuello
boýun

el hospital
hassahana

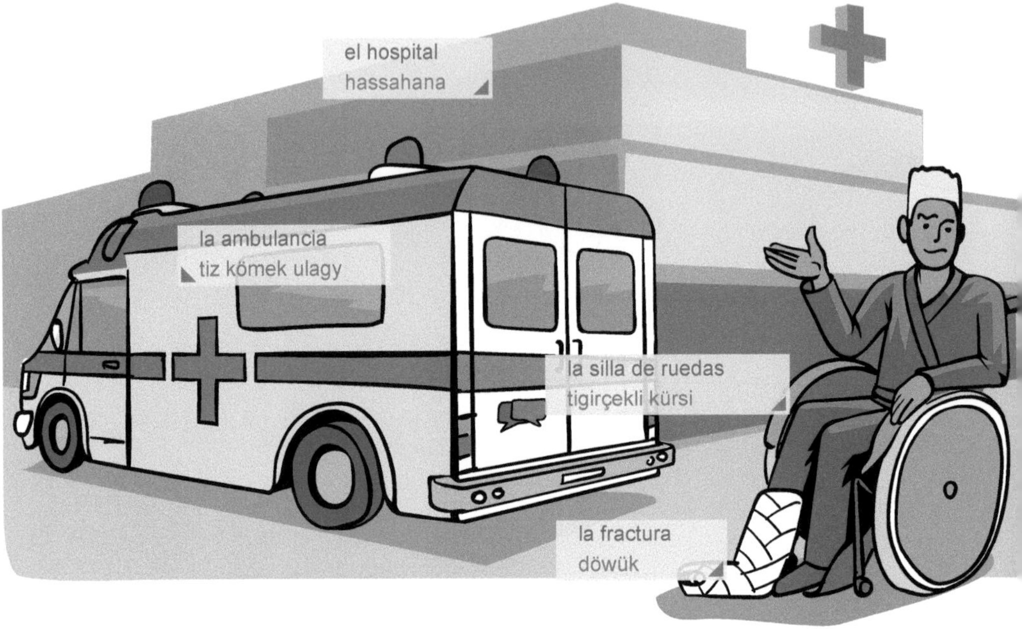

el hospital
hassahana
la ambulancia
tiz kömek ulagy
la silla de ruedas
tigirçekli kürsi
la fractura
döwük

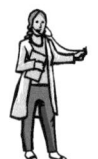

el médico

lukman

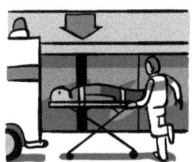

la sala de guardia

ilkinji kömek nokady

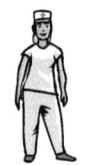

la enfermera

şepagat uýasy

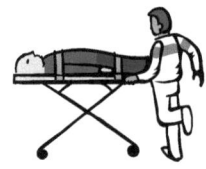

la emergencia

gaýragoýulmasyz ýagdaý

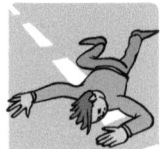

inconsciente

özüni bilmän

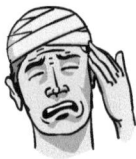

el dolor

agyry

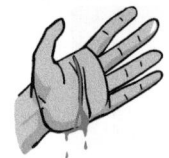

la lesión
zeper ýetme

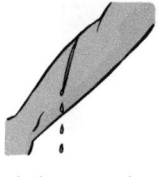

la hemorragia
gan akmasy

el infarto
infarkt

el ACV
insult

la alergia
allergiýa

la tos
üsgülik

la fiebre
ýokarlanan temperatura

la gripe
dümew

la diarrea
içgeçme

el dolor de cabeza
kelle agyrysy

el cáncer
rak

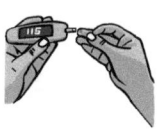

la diabetes
diabet

el cirujano
hirurg

el bisturí
skalpel

la operación
operasiýa

la TC

iÿmit siňdirÿän ortlaryň jemi

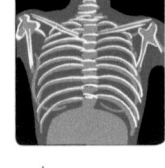

los rayos x

rentgen

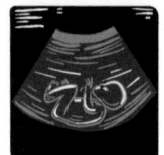

la ecografía

ultrases

el barbijo

maska

la enfermedad

kesel

la sala de espera

kabulhana

la muleta

pişek

la curita

plastyr

la venda

bint

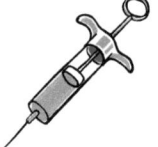

la inyección

sanjym

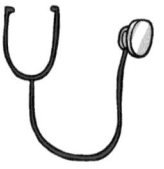

el estetoscopio

stetoskop

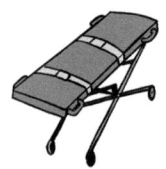

la camilla

zemmer

el termómetro

termometr

el nacimiento

dogluş

el sobrepeso

artykmaç agram

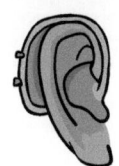

el audífono

eşidiş abzaly

el desinfectante

zyýansyzlandyryjy serişde

la infección

ýokanç

el virus

wirus

el VIH / SIDA

WIÇ/ AIDS

el remedio

derman

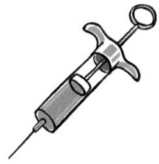

la vacunación

öňüni alyş sanjymy

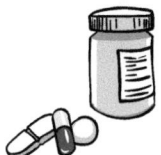

los comprimidos

gerdejikler

la pastilla anticonceptiva

göwreli bolmakdan goraýan gerdejik

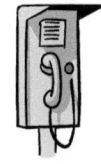

la llamada de emergencia

aýragoýulmasyz çagyryş

el tensiómetro

gan basyşyny ölçeýji abzal

enfermo / sano

näsag / sagdyn

¡Ayuda! Kömek ediň!	 la alarma howsala signaly	 la agresión çozuş
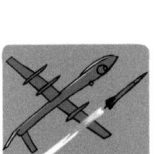 el ataque hüjüm	 el peligro howp	 la salida de emergencia ätiýaçlyk çykalgasy
¡Fuego! Ýangyn!	 el matafuego ot söndürijisi	 el accidente betbagtçylykly ýagdaý
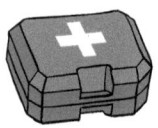 el botiquín de primeros auxilios derman gutujygy	 el SOS SOS	 la policía milisiýa

Europa

Ýewropa

América del Norte

Demirgazyk Amerika

América del Sur

Günorta Amerika

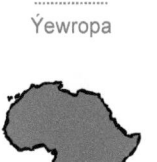

África

Afrika

Asia

Aziýa

Australia

Awstraliýa

el Atlántico

Atlantika ummany

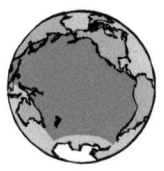

el Pacífico

Ýuwaş umman

el Océano Índico

Hindi ummany

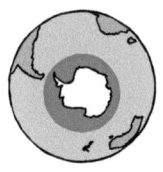

el Océano Antártico

Antarktika ummany

el Océano Ártico

Demirgazyk Buzly umman

el polo norte

Demirgazyk polýusy

el polo sur

Günorta polýusy

la Antártida

Antarktida

la Tierra

zemin

la tierra

gury ýer

el mar

deñiz

la isla

ada

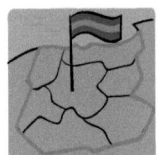

la nación

millet

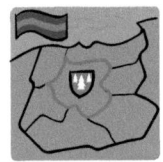

el estado

döwlet

la esfera

siferblat

la manecilla de las horas

sagadyň dili

el minutero

minut görkezýän dil

el segundero

sekundy görkezýän dil

¿Qué hora es?

sagat näçe?

el día

gün

la hora

wagt

ahora

häzir

el reloj digital

elektron sagady

el minuto

minut

la hora

sagat

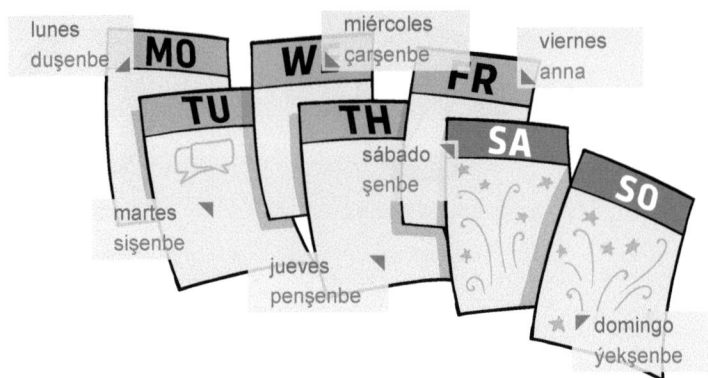

lunes
duşenbe

miércoles
çarşenbe

viernes
anna

sábado
şenbe

martes
sişenbe

jueves
penşenbe

domingo
ýekşenbe

ayer

düýn

hoy

şu gün

mañana

ertir

la mañana

säher

el mediodía

günortan

la tarde

agşamlyk

los días hábiles

iş günler

el fin de semana

dynç günler

el año
ýyl

la lluvia
ýagyş
el arco iris
älemgoşar
la nieve
gar
el viento
şemal
la primavera
ýaz
el otoño
güýz
el verano
tomus
el invierno
gyş

4.APRIL 11°
5.APRIL 4°
6.APRIL 13°
7.APRIL 8°
8.APRIL 10°

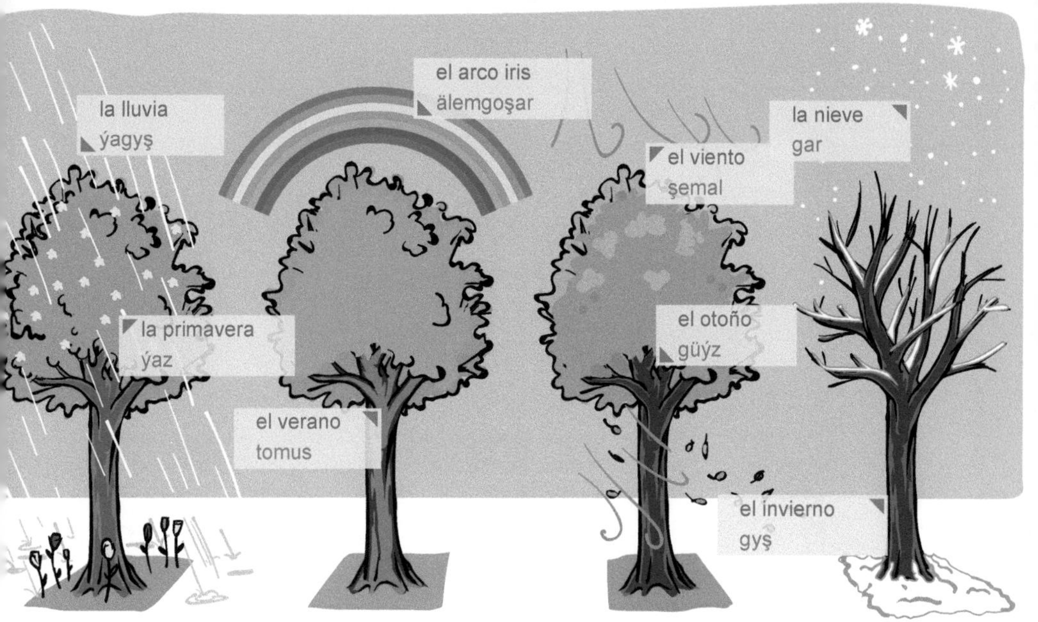

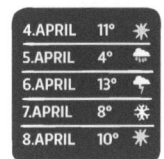

pronóstico meteorológico

howa maglumaty

F C
120 40
90 30
60 20
30 10
0 0
-30 -10
-20

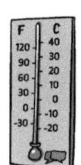

el termómetro

termometr

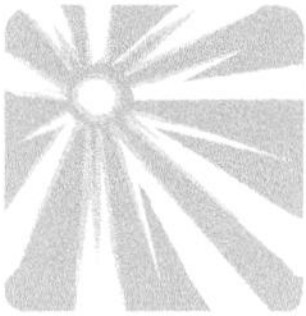

la luz del sol

gün ýagtylygy

la nube

gara bulut

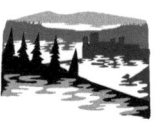

la niebla

ümür

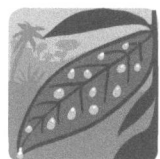

la humedad

howanyň çyglylygy

el rayo

ýyldyrym

el trueno

gök gümmürdisi

la tormenta

tupan

el granizo

doly

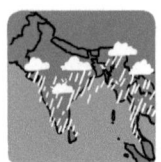

el monzón

musson

la inundación

suw alma

el hielo

buz

enero

ýanwar

febrero

fewral

marzo

mart

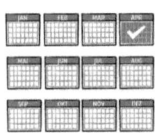

abril

aprel

mayo

maý

junio

iýun

julio

iýul

agosto

awgust

septiembre

sentýabr

octubre

oktýabr

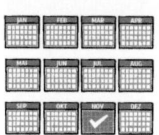

noviembre

noýabr

diciembre

dekabr

el círculo

tegelek

el cuadrado

kwadrat

el rectángulo

göniburçluk

el triángulo

üçburçluk

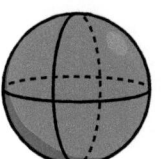

la esfera

şar

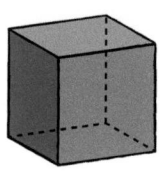

el cubo

kub

blanco

ak

amarillo

sary

naranja

mämişi

rosa

gülgüne

rojo

gyzyl

violeta

liliýa reňkli

azul

gök

verde

ýaşyl

marrón

goňur

gris

çal

negro

gara

mucho / poco

köp / az

enojado / tranquilo

gazaply / asuda

lindo / feo

owadan / betnyşan

el principio / el fin

başy / soňy

grande / chico

uly / kiçi

claro / oscuro

açyk / garaňky

el hermano / la hermana

oglan dogan / gyz dogan

limpio / sucio

arassa / hapa

completo / incompleto

doly / doly däl

el día / la noche

gündiz / gije

muerto / vivo

jansyz / diri

ancho / angosto

giň / dar

comestible / no comestible

iýilýän / iýilmeýän

malo / amable

gaharly / dostlukly

entusiasmado / aburrido

tolgunly / tukat

gordo / flaco

çişik / hor

primero / último

başda / soňunda

el amigo / el enemigo

dost / duşman

lleno / vacío

doly / boş

duro / blando

berk / ýumşak

pesado / liviano

agyr / ýeňil

el hambre / la sed

açlyk / teşnelik

enfermo / sano

näsag / sagdyn

ilegal / legal

bikanun / kanuny

inteligente / estúpido

akyly / akmak

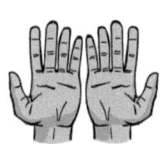

izquierda / derecha

çepde / sagda

cerca / lejos

ýakyn / daş

nuevo / usado

täze / ulanylan

nada / algo

hiç zat / bir zat

viejo / joven

garry / ýaş

encendido / apagado

ýakylan / söndürilen

abierto / cerrado

açyk / ýapyk

silencioso / ruidoso

ýuwaş / gaty

rico / pobre

baý / garyp

correcto / incorrecto

dogry / nädogry

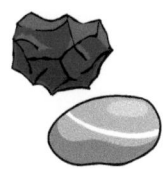

áspero / suave

büdür-südür / tekiz

triste / contento

gamgyly / şatlykly

corto / largo

gysga / uzyn

lento / rápido

haýal / tiz

mojado / seco

öl / gury

caliente / frío

ýyly / sowuk

guerra / paz

uruş / parahatçylyk

0	**1**	**2**
cero	uno	dos
nul	bir	iki

3	**4**	**5**
tres	cuatro	cinco
üç	dört	bäş

6	**7**	**8**
seis	siete	ocho
alty	ýedi	sekiz

9	**10**	**11**
nueve	diez	once
dokuz	on	on bir

12	**13**	**14**
doce	trece	catorce
on iki	on üç	on dört

15	**16**	**17**
quince	dieciséis	diecisiete
on bäş	on alty	on ýedi

18	**19**	**20**
dieciocho	diecinueve	veinte
on sekiz	on dokuz	ýigrimi

100	**1.000**	**1.000.000**
cien	mil	el millón
ýüz	müň	million

el inglés

iňlis

el inglés americano

amerikan iňlis

el chino mandarín

mandarin hytaý

el hindi

hindi

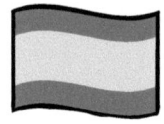

el español

ispan

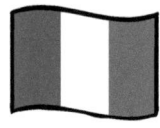

el francés

fransuz

el árabe

arap

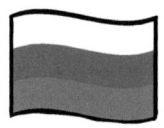

el ruso

rus

el portugués

portugal

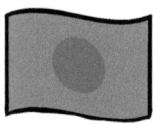

el bengalí

bengal

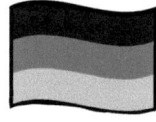

el alemán

nemes

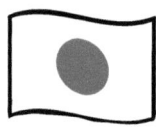

el japonés

ýapon

yo

men

vos

sen

él / ella

ol (oglan) / ol (gyz) / ol (jansyz zat)

nosotros

biz

ustedes

siz

ellos

olar

¿quién?

kim?

¿qué?

näme?

¿cómo?

nähili?

¿dónde?

nirede?

¿cuándo?

haçan?

el nombre

ady

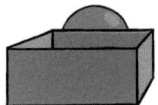

detrás

yzynda

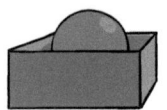

en

içinde

adelante de

öňünde

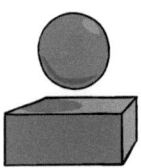

por encima de

bir zadyň üsti

sobre

üstünde

debajo de

aşagynda

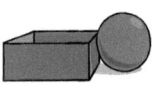

al lado de

ýanynda

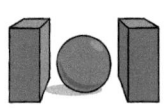

entre

arasynda

el lugar

ýer